VENTAIRE
V 22698
74

PUBLICATIONS DE LA RÉUNION DES OFFICIERS

MÉLANGES MILITAIRES
(2ᵉ SÉRIE)
XVII. XVIII. XIX. XX

DE

L'INSTRUCTION MILITAIRE

DANS L'ARMÉE

(INFANTERIE)

PAR

A. DALLY
CAPITAINE AU 102ᵉ DE LIGNE

PARIS

CH. TANERA, ÉDITEUR

LIBRAIRIE POUR L'ART MILITAIRE ET LES SCIENCES

Rue de Savoie, 6

1873

V 561
H7-20
74

DE

L'INSTRUCTION MILITAIRE

DANS L'ARMÉE

V 2531
A. 17-20

22698
74.

EN VENTE A LA MÊME LIBRAIRIE

MÉLANGES MILITAIRES

PREMIÈRE SÉRIE

CONTENANT

LES PRINCIPAUX ARTICLES PUBLIÉS

DANS LE

BULLETIN DE LA RÉUNION DES OFFICIERS

EN 1871 ET 1872

5 VOLUMES PETIT IN-8° CARTONNÉS

Prix : 25 fr.

Il ne reste qu'un très-petit nombre de collections complètes.

---

75 — Paris, imp. A. Dutemple, 64, rue Bonaparte.

PUBLICATION DE LA RÉUNION DES OFFICIERS

DE

L'INSTRUCTION MILITAIRE

DANS L'ARMÉE

(INFANTERIE)

PAR

A. DALLY

CAPITAINE AU 102ᵉ DE LIGNE

PARIS

CH. TANERA, ÉDITEUR

LIBRAIRIE POUR L'ART MILITAIRE ET LES SCIENCES

Rue de Savoie, 6

1873

DE

L'INSTRUCTION MILITAIRE

DANS L'ARMÉE

Le caractère français se prête naurellement au service militaire ; il a des aptitudes dont on peut tirer un merveilleux parti ; mais, toutes les vérités doivent devenir bonnes à dire, on peut affirmer que l'instruction du soldat n'est pas faite dans l'armée comme il importe qu'elle le soit.

De l'instruction du soldat dépend l'instruction des armées.

L'école de la compagnie nous paraît devoir être la base fondamentale de l'armée nouvelle.

Pour que la nouvelle loi, rendant le service obligatoire pour la nation entière, arrive à fonctionner utilement, il y a un principe essentiel qu'il est nécessaire de faire passer dans nos mœurs.

La loi est sévère, mais c'est la loi, c'est-à-dire le palladium sacré en vertu duquel nous existons à l'état de société.

Eh bien, la loi nous impose une obligation première : le respect.

Du respect découle le devoir.

Ce n'est qu'en respectant la loi, qu'en se pliant au devoir à accomplir, que le citoyen acquiert des droits.

Nul doute que la nouvelle loi n'entende, en aucune façon, faire de chaque Français un soldat, de la nation entière une armée et du sol de la patrie un vaste camp. Les nations ont une autre mission civilisatrice à remplir dans le vaste champ de l'humanité, par les lettres, les arts, l'industrie, le commerce.

Mais la loi impose aux citoyens l'obligation naturelle de la défense du sol et des institutions de la patrie.

De là pour chaque citoyen le devoir d'apprendre les diverses pratiques du métier des armes, de là la nécessité de passer quelques années sous les drapeaux.

Donc, pour que la nouvelle loi donne les résultats nécessaires à la sécurité du pays, il nous paraît essentiel de baser tout le service militaire sur ce grand principe :

Le devoir à accomplir pour la patrie.

Servir par devoir, se dévouer par devoir, doivent être le fond de l'école du soldat, et le soldat doit puiser ces exemples de devoir et de dévouement dans ses chefs, depuis le caporal jusqu'au maréchal de France.

Mais, nous dira-t-on, les soldats sont instruits; ils viennent de passer par toutes les écoles et ont pris part aux grandes manœuvres.

Eh bien, nous n'hésitons pas à le dire, l'instruction du soldat n'est faite que par à peu près; et quant aux caporaux et aux sous-officiers, hélas! nous n'osons pas en parler.

Il s'agit donc, et cela au plus vite, de relever le moral, l'importance et l'instruction des cadres, pour qu'ils soient en mesure de s'élever au niveau de la jeunesse intelligente que nous allons voir enfin figurer dans nos rangs.

Pour arriver à cette instruction générale des cadres, la pratique est certainement le meilleur moyen.

Pour cela, nous pensons que :

1° L'école de la compagnie doit être la base de l'instruction ;

2° L'instruction doit être faite très-exactement et très-complétement par chaque gradé aux soldats placés sous ses ordres, c'est-à-dire :

Le caporal doit instruire son escouade ;

Le sergent, sa demi-section ;

Le sous-lieutenant et le lieutenant, leur section ;

Le capitaine, sa compagnie ;

Le chef de bataillon, son bataillon ;

Le colonel, son régiment ;

Le général de brigade, sa brigade ;

Le général de division, sa division.

Partant de ce principe, le travail de l'armée sera ainsi réparti :

École de la compagnie, 4 mois, avril, mai, juin, juillet ;

École de bataillon, 1 mois, août ;

École du régiment, 1 mois, septembre ;

École de la brigade, 15 jours, 1er au 15 octobre ;

École de la division, 15 jours, 16 au 31 octobre ;

École du corps d'armée, 1 mois, novembre ;

Grandes manœuvres générales, 1 mois, décembre.

A la fin de chaque école, chaque chef présentera à son supérieur les candidats aux récompenses d'inspection, et à la fin de l'école du corps d'armée, le général remettra le travail d'ensemble pour tout son corps, et l'inspection générale sera terminée en même temps que l'instruction.

Le temps à consacrer aux exercices sur le terrain et à l'instruction dans les chambrées sera indiqué d'une façon générale, pour chaque corps d'armée, par le général commandant en chef.

Les grandes manœuvres générales, qui exigent le concours de deux ou plusieurs corps d'armée, seront réglées par le ministère de la guerre.

Les chefs de corps régleront toujours les détails du service intérieur de leurs corps respectifs (régiments ou bataillons formant corps).

Mais, pour la subdivision de l'instruction sur le terrain et dans les chambres, le détail sera toujours laissé au chef qui a la responsabilité de l'exécution.

Ainsi le capitaine réglera et dirigera l'instruction de sa compagnie pendant les quatre mois indiqués pour l'école de compagnie; toujours cependant avec l'attache de l'autorité supérieure, qui n'aura qu'une surveillance à exercer au cours de l'instruction.

L'école de compagnie terminée, dans les huit derniers jours de juillet, les capitaines présentent leurs compagnies au chef de bataillon, qui apprécie le travail accompli, reçoit les propositions et commence l'instruction de son bataillon le 1er août.

Il en est de même pour chaque école.

En présentant sa compagnie à l'inspection de son chef de bataillon, un capitaine doit pouvoir dire :

Mes officiers, mes sous-officiers et mes caporaux savent très-exactement leurs théories et leurs manœuvres; ma compagnie manœuvre bien; tous les hommes savent lire et écrire.

Là doit se borner l'instruction de compagnie; dans chaque grade, chacun doit connaître très-exactement les devoirs qu'il a à remplir; tout le monde doit savoir lire et écrire.

Dans le cours de l'école de compagnie, les officiers de section surveillent leurs subdivisions, mais il doit être entendu qu'il ne faut pas leur imposer une présence continuelle ; il faut habituer les gradés inférieurs à remplir strictement leur devoir non par crainte du supérieur, mais uniquement par conscience.

Il doit en résulter que, tout en se maintenant en contact journalier avec la troupe, les officiers doivent pouvoir, sous la direction de leur capitaine, se réserver des heures libres pour l'étude.

De même, le contrôle supérieur doit toujours être établi de façon à laisser aux capitaines, aux officiers supérieurs et aux officiers généraux une liberté de temps qu'ils peuvent consacrer à l'étude de questions militaires plus élevées.

En un mot, nous demandons que l'initiative dans chaque grade soit le grand moteur poussant chacun, dans sa sphère, à agir avec dévouement et uniquement par devoir.

Si nous arrivons là un jour, et nous en avons la forte espérance, nous serons réellement régénérés.

Dans cette répartition de l'instruction, il n'y a pas de place pour l'adjudant-major, tel qu'il existe dans nos institutions actuelles ; mais nous avons déjà indiqué dans un précédent travail sur les adjudants-majors d'infanterie comment nous espérons voir la situation de cet emploi réglée à nouveau.

C'est-à-dire les adjudants-majors, pris parmi les plus anciens capitaines de compagnie, devenir, par droit d'ancienneté, les commandants en second des bataillons, aider et suppléer les chefs de bataillon, les remplacer quand ils sont absents, et, en cas de fractionnement du bataillon, devenir le chef de l'une des fractions.

De plus, les adjudants-majors n'ayant pas de commandement administratif dans le régiment, ce serait toujours parmi eux que serait pris le capitaine-major des bataillons actifs.

Dans les bataillons formant corps, cette mesure serait surtout nécessaire à tous les points de vue.

Dans la répartition de l'instruction à tous les degrés, neuf mois seulement ont été employés. Restent donc les mois de janvier, février et mars, qui doivent compléter l'année.

Notre armée ayant été tenue neuf mois en travail, il est juste de faire la part des nécessités de famille.

Ces trois mois seront donc réservés aux congés et permissions.

Mais, dans aucun cas, nous ne voudrions voir des officiers rester éloignés de leur corps pendant plus de trois mois.

Ces trois mois seraient aussi consacrés particulièrement à des cours faits aux soldats, caporaux et sous-officiers qui s'en seraient rendus dignes par leur conduite, la connaissance absolue de leurs devoirs militaires et le degré de leur instruction première (histoire, géographie, topographie).

Dans l'intérieur des compagnies, les sujets proposés pour l'avancement seraient habitués à exercer les grades pour lesquels ils ont été proposés.

Et après une année si bien remplie, on recommencerait la nouvelle au 1er avril.

ÉCOLE DE COMPAGNIE

1o Formation

Avant d'entrer dans le classement détaillé de l'instruction, nous pensons qu'il conviendrait d'apporter des modifications dans l'organisation de la compagnie sous les armes.

Nous voudrions voir les chefs de section et de demi-section placés dans le rang, à la tête des fractions sous leurs ordres, et ainsi commander et diriger toujours leurs soldats, c'est-à-dire exercer le commandement de leur grade.

Il n'y aurait plus en serre-file que le sergent-major, derrière la droite de la première escouade, et le fourrier derrière la gauche de la huitième escouade.

Les hommes seraient toujours numérotés par escouade, sans se préoccuper des files creuses.

Les caporaux des escouades impaires seraient à la droite de leurs escouades ; ceux des escouades paires à la gauche, de façon à encadrer les demi-sections.

Le troisième sergent serait chef de la première demi-section et guide de droite de la compagnie.

Le quatrième sergent serait guide de droite de la deuxième section et chef de la troisième demi-section.

Le premier sergent serait chef de la deuxième demi-section, et le deuxième sergent le chef de la quatrième ; chacun d'eux ayant les caporaux des troisième et septième escouades derrière eux dans le rang.

Nous pensons que les premier et deuxième sergents doivent commander les deuxième et quatrième demi-sections, parce que, dans la marche de flanc, nous les plaçons en dehors du rang ; puis en raison de ce principe qu'en cas de fractionnement de la section, le chef suit la première fraction, et qu'il convient dès lors de donner aux plus anciens le commandement des fractions pouvant être appelées à agir seules.

Le capitaine à six pas derrière le centre de sa compagnie.

Cette formation s'appliquerait également à la compagnie encadrée dans un bataillon en bataille.

Dans la marche en bataille de la compagnie isolée le sergent-major et le fourrier, l'un à l'aile droite, l'autre à l'aile gauche, seraient chargés de la direction.

Dans la marche en bataille du bataillon, le sergent-major du peloton de droite, le fourrier du peloton de gauche, seraient chargés de la direction.

Le fourrier du peloton de gauche encadrerait le bataillon en bataille.

Dans toutes les manœuvres les pelotons seraient toujours arrêtés à un pas de la ligne qu'ils doivent occuper, et alignés par chaque chef de subdivision du peloton, sans commandement autre que ceux de : Halte ; — fixe.

Dans la marche par le flanc, le sous-lieutenant, le premier sergent, le lieutenant, le deuxième sergent marcheraient en dehors du rang, comme chefs de peloton ; le capitaine sur le flanc, à quatre pas en dehors des chefs des subdivisions, à hauteur du centre de la compagnie.

Le sergent-major et le fourrier à hauteur de leurs places de bataille.

Dans la marche en colonne par section, les troisième et premier sergent sont guides de droite et de gauche de la première section ; le sergent-major est en serre-file, le sous-lieutenant devant la première section.

Les quatrième et deuxième sergents, guides de droite et de gauche de la deuxième section ; le fourrier en serre-file, le lieutenant devant sa section.

Le capitaine à six pas en dehors des guides, entre les deux sections.

Lorsque la compagnie fait partie du bataillon en colonne, le fourrier devient guide de gauche du peloton ; le sous-lieutenant passe en serre-file derrière sa section, et le troisième sergent est guide de droite.

Dans la marche en colonne par demi-section, les sergents sont devant le front de leurs demi-sections.

Les caporaux sont guides de droite et de gauche.

Le sergent-major et le fourrier marchent à quatre pas en dehors du guide, à hauteur, le premier, de la première demi-section, le deuxième, de la quatrième demi-section.

Les chefs de demi-section, marchent à quatre pas en de-hors du guide, entre les deux subdivisions de leur section, et le capitaine à six pas en dehors du guide, entre les deux sections.

Les sous-officiers ayant à quitter le rang pour se porter soit devant le centre, comme chefs, soit sur le flanc, comme guides des subdivisions, passent toujours devant le front de la troupe.

Pour toutes les manœuvres, la compagnie sera toujours constituée régulièrement; les gradés absents seront remplacés: les caporaux par les plus anciens soldats de première classe de l'escouade ; les sergents par les plus anciens caporaux de la compagnie; les officiers par le sergent-major et les plus anciens sous-officiers.

Ces dispositions devront toujours être réglées avant de prendre les armes.

2º Instruction

INSTRUCTION DE L'ESCOUADE

Les caporaux doivent donner l'exemple de la bonne con-duite, de la subordination et de l'exactitude à remplir leurs devoirs.

Ils surveillent les soldats en tout ce qui touche au bon ordre et à la tranquillité publique ; ils sont particulièrement chargés de tout ce qui est relatif au service, à la tenue, à la police, à la discipline et à l'instruction de leur escouade.

Ils doivent enseigner l'école du soldat et être en état de remplir les fonctions de chef d'escouade à l'école de tirail-leurs.

Ils doivent user, au besoin, des moyens de répression que leur accorde le règlement et, si ces moyens sont insuffisants, en appeler à l'autorité de leurs supérieurs; mais ils ne doivent jamais oublier que la manière la plus sûre de se faire respecter et obéir est de se conduire envers leurs subordonnés avec fermeté et douceur, sans familiarité ni brusquerie.

Ils habituent les hommes de leur escouade aux détails du service intérieur et leur enseignent le paquetage et la manière d'entretenir dans le plus grand état de propreté leurs armes et leurs effets d'habillement.

Il résulte des prescriptions du règlement que l'instruction de l'escouade doit comprendre :

1° Les principes de discipline et de service intérieur ;
2° L'école du soldat.

Nous y ajouterons :

3° La lecture et l'écriture.
Cette instruction se divisera en deux parties :
1° Exercices sur le terrain ;
2° Instruction dans les chambres.

Elle devra durer un mois et sera commandée par les caporaux, surveillée par les chefs de demi-section, contrôlée par les chefs de section et dirigée, pour tous les détails, par le capitaine.

En l'absence du caporal, un soldat de l'escouade, toujours désigné à l'avance, surveillera et instruira l'escouade ; remplissant les fonctions du caporal, il en aura tous les droits.

Nous proposons que cette instruction soit dirigée ainsi qu'il suit :

Exercices sur le terrain

Se divisant en deux périodes : sans arme, en arme.

———

Exercices sans arme, progression.

1º Position du soldat sans arme.
2º Mouvements de tête à droite et à gauche.
3º Alignements.
4º Principes du pas accéléré.
5º Marche de flanc.
6º Halte et front.
7º Changements de direction par file.
8º Tourner la tête à droite et à gauche.
9º Fléchir la tête en avant et en arrière.
10º Fléchir la tête vers la droite et vers la gauche.
11º Fléchir le corps en avant et en arrière.
12º Mouvement vertical des bras sans flexion.
13º Mouvement vertical des bras avec flection.
14º Circonduction des bras.
15º Étendre les bras latéralement et verticalement.
16º Fléchir la jambe.
17º Fléchir les jambes et les cuisses.
18º Fléchir sur les extrémités inférieures.

19º Principes du pas gymnastique.
20º Principes du pas en arrière.
21º A droite, à gauche.
22º Demi-tour à droite et à gauche.
23º Marche de front.
24º Marche oblique.
25º Demi-tour en marchant.
26º Conversions à pivot fixe.
27º Conversions à pivot mouvant.
28º Changement de direction.

Escrime à l'épée

29º Garde à vous.
30º Élevez l'épée.
31º Ployez le bras droit.
32º Levez le bras gauche.
33º Fléchissez.
34º Avancez le pied.
35º Marchez.
36º Rompez.
37º Deux appels.
38º Rassemblez en avant.
39º Rassemblez en arrière.
40º Déployez le bras droit.
41º Fendez-vous.

Exercices en arme, progression.

1º Principe du port d'arme.
2º Arme sur l'épaule droite.
3º Reposez sur l'arme.

4º Baïonnette au canon.
5º Formez les faisceaux.
6º Rompez les faisceaux.

7° Remettez la baïonnette.
8° Entretien de l'arme.
9° Inspection de l'arme.
10° Arme au bras.
11° Présentez les armes.
12° Croisez la baïonnette.
13° L'arme à volonté.
14° Charge en cinq temps.
15° Charge à volonté.
16° Déchargement de l'arme.
17° Pointage sur chevalet. Ligne à 200 mètres.
18° Maniement de la hausse.
19° Règles de tir.
20° Pointage avec ligne de mire quelconque.
21° Placement de l'arme à l'épaule.
22° Position du tireur debout.
23° Position du tireur à genou.
24° Position du tireur couché.
25° Action du doigt sur la détente.
26° Mouvement de joue.
27° Mouvement de feu.

Escrime à la baïonnette.

28° En garde.
29° Face à droite et à gauche.
30° Demi-tour.
31° Un pas en avant.
32° Un pas en arrière.
33° Un pas à droite.
34° Un pas à gauche.
35° Double pas en avant.
36° Double pas en arrière.
37° Volte-face.
38° A gauche parez.
39° A droite parez.
40° En tête parez.
41° En avant pointez.
42° En tête parez et pointez.
43° Coup lancé.
44° Réunion de plusieurs mouvements.

Au moment des pauses, rompre l'escouade dans toutes les directions et, à la reprise, habituer les hommes à se réunir à leur chef dans toutes les positions.

Les exercices sur le terrain auront lieu deux fois par jour, matin et soir.

La durée de chaque exercice sera toujours de deux heures, séparées : 1° par une seule pause de dix minutes pour la période sans arme ; 2° par deux pauses de cinq minutes pour la période en arme, c'est-à-dire trois classes de trente-cinq minutes.

Les hommes seront sans sac, d'abord sur un rang, à un pas d'intervalle, puis coude à coude, suivant les degrés de la progression.

Instruction dans les chambres, progression

Service intérieur.

Service de place.

BIBLIOTHÈQUE NATIONALE R. F.

2

L'instruction dans les chambres aura lieu deux fois par jour, matin et soir.

La durée de chaque cours sera de deux heures, séparées par un repos de dix minutes ; les hommes seront dans la tenue du matin, sans arme, réunis autour d'une table, assis, autant que possible, sur des bancs ; le caporal debout, après avoir donné lecture du texte, expliquera les articles du règlement par des exemples pratiques.

Il demeure entendu que les caporaux pourront être aidés par des soldats pris dans l'escouade, désignés par le chef de la demi-section et présentés par le chef de section au capitaine.

Au cours de cette instruction, les inspections du dimanche

seront toujours passées par les caporaux; ces inspections suivront la progression suivante :

1er dimanche. — Propreté de la chambrée. Tenue du dimanche.

2e dimanche. — Revue des effets d'habillement, d'équipement et d'armement.

3e dimanche. — Revue de détail.

4e dimanche. — Inspection sur le terrain, avec armes et bagages.

Le caporal tiendra un contrôle de son escouade, sur lequel il notera les différents degrés d'instruction des hommes et son appréciation sur leur manière de servir. A la fin de l'instruction, il remettra au sergent chef de demi-section une copie de ce contrôle.

Les leçons de lecture et d'écriture seront faites aux heures indiquées par le capitaine. Les hommes intelligents et lettrés de l'escouade pourront être chargés de la direction d'un ou plusieurs hommes, même pour des leçons d'histoire et de géographie, suivant les ressources.

Le premier mai, aux classes du matin, sur le terrain et dans les chambres, les caporaux présenteront leur escouade au chef de la demi-section, qui les réunira de suite sous son commandement.

Cette instruction sera surveillée par les chefs de demi-section, qui, à cet effet, seront toujours présents aux classes.

Les chefs de section contrôleront; leur présence aux classes ne sera pas exigée, à moins que le capitaine n'en décide autrement; mais ils seront tenus, pour exercer leur contrôle, d'aller fréquemment sur le terrain et dans les chambres aux heures d'instruction.

INSTRUCTION DE LA DEMI-SECTION

Les sous-officiers doivent pouvoir enseigner les écoles du soldat, de peloton et des tirailleurs. Ils doivent aussi connaître les diverses fonctions des guides dans les manœuvres et la pratique du tir.

Leur instruction a principalement pour objet de les mettre en état de bien instruire les soldats.

Chaque sergent, dans la demi-section à laquelle il est attaché, dirige les détails intérieurs des chambrées et surveille la conservation et la tenue des effets.

Il appuie les caporaux de son autorité, les habitue à commander avec fermeté, mais sans brusquerie, et veille à ce qu'ils ne s'écartent jamais de l'impartialité et de la justice.

Il fait réciter la théorie aux caporaux et aux élèves caporaux.

L'instruction de la demi-section comprendra :

1° Tout ce qui a été enseigné à l'école de l'escouade, appliqué aux deux escouades réunies.

2° 1re, 2e et 3e parties de l'école de peloton. L'école de tirailleurs.

3° Service intérieur. Routes.

4° Pratiques du tir. Articles 1er et 4°.

5° Service en campagne.

6° Code de justice militaire.

7° Quatre règles.

Et se divisera en deux parties :

1° Exercices sur le terrain ;

2° Instruction dans les chambres.

Elle devra durer trois semaines, sera commandée par les chefs de demi-section, surveillée par les chefs de section et contrôlée par les capitaines.

En l'absence du sergent, le plus ancien caporal de la demi-section surveillera et instruira la demi-section. Ayant tous les devoirs du sergent à remplir, il jouira de tous les droits de ce grade.

Nous proposons pour cette instruction la progression suivante :

Exercices sur le terrain.

Les exercices de l'escouade, sans arme et avec arme seront repris et parcourus rapidement. Les caporaux manœuvreront à la tête de leur escouade pour servir d'exemple.

Exercices sans arme, progression.

1 Exercice pyrrhique.
2 Se tenir sur une jambe, l'autre ployée en avant.
3 Se tenir sur une jambe, l'autre ployée en arrière.
4 Poser les genoux à terre et se relever.
5 Se pencher en avant sur un pied.
6 Se pencher en arrière sur un pied.
7 Se pencher à droite ou à gauche sur un pied.
8 Frapper la poitrine avec les poings.
9 Lancer alternativement les poings en avant.
10 Flexion simultanée des jambes.
11 Flexion simultanée des cuisses et des jambes.
12 Sautillement sur les jambes.
13 Fléchir sur les extrémités inférieures et marcher dans cette position.
14 Marcher sur la pointe des pieds.
15 Marcher sur les talons.
16 Marcher en montant.
17 Marcher en descendant.
18 Sauts à pieds joints.
19 Sauts en hauteur.
20 Sauts en largeur.

Escrime.

21 Définition des lignes.
22 Engagements.
23 Coup droit.
24 Dégagement.
25 Battement.

Exercices en arme, progression.

1 Sauts avec armes et bagages.
École de peloton.
2 Marcher par le flanc.
3 Changer de direction par file.
4 Doubler et dédoubler les files.
5 Arrêter le peloton et lui faire faire front.
6 Le peloton étant face par le 1er rang, le mettre face par le second.
7 Ouvrir les rangs, alignements, maniement des armes.
8 Serrer les rangs, alignements, maniement des armes.
9 Charge à volonté.
10 Feux.
11 Former le peloton de deux rangs sur un.
12 Marcher en bataille en avant.
13 Marcher en bataille obliquement.
14 Arrêter le peloton et l'aligner.
15 Marcher en bataille en retraite.
16 Le peloton marchant en bataille, lui faire exécuter les à droite et les à gauche.
Tir.
17 Tir sur un but mobile.
18 Tir plongeant.
Tirailleurs.
19 Déployer en peloton.

20 Ouvrir et resserrer les intervalles.
21 Marcher en avant, en retraite, par le flanc.
22 Renforcer une ligne de tirailleurs.
23 Relever une ligne de tirailleurs.
24 Changer de direction.
25 Feu de position.
26 Feu en avançant.
27 Feu en retraite.
28 Feu par le flanc.
29 Rassemblement.
30 Ralliement.
31 Faire rompre les hommes dans toutes les directions et les habituer à se rallier à la voix de leur chef dans toutes les directions.

Service de place.
32 Garde montante.
33 Devoirs des sentinelles.
34 Des patrouilles.
35 Des rondes.
36 Du mot.
37 Conduite des personnes arrêtées.
38 Alerte, troubles, incendie.
39 Garde des portes.
40 Saint sacrement.

Les exercices sur le terrain auront lieu deux fois par jour.

La durée de chaque exercice sera toujours de trois heures sur le terrain, décomposées en trois pauses de cinquante minutes, avec trois repos de dix minutes.

Instruction dans les chambres, progression

     DE L'INSTRUCTION MILITAIRE

Code de justice militaire.

Les sous-officiers, étant appelés à être jugés dans les conseils de guerre, doivent connaître le code de justice militaire.

Cette instruction sera faite aux hommes sur le texte du code.

L'instruction dans les chambrées aura lieu deux fois par jour, matin et soir.

La durée de chaque cours sera d'une heure, en deux pauses de vingt-cinq minutes.

Les hommes seront dans la tenue du jour, réunis et assis, autant que possible, sur des bancs ; les chefs d'escouade à la tête de leur escouade.

Les chefs de demi-section, après avoir donné lecture du texte, expliqueront les articles du règlement par des exemples pratiques.

Les inspections du dimanche seront toujours passées par les chefs de demi-section.

1er dimanche. — Propreté de la chambrée. — Tenue du dimanche.

2e dimanche. — Revue de détail.

3e dimanche. — Inspection en armes et bagages.

Le chef de demi-section tiendra un contrôle sur lequel il notera d'abord les notes qui lui ont été fournies par les caporaux, puis son appréciation sur le degré d'instruction des hommes et leur manière de servir.

A la fin de l'instruction, il remettra au chef de section une copie de ce contrôle.

Les leçons de calcul seront faites aux heures indiquées par le capitaine ; les hommes intelligents et lettrés pourront être chargés de la direction d'un ou plusieurs hommes, même pour des leçons d'histoire ou de géographie, suivant les ressources.

Le lundi de la quatrième semaine, aux classes du matin, sur le terrain et dans les chambres, les chefs de demi-section présentent leur section aux chefs de section, qui les réunit de suite sous son commandement.

Cette instruction sera surveillée par les chefs de section, qui, à cet effet, seront toujours présents aux classes.

Le capitaine contrôlera.

INSTRUCTION DE LA SECTION

Le lieutenant et le sous-lieutenant sont employés par le capitaine à tous les détails du service de police et d'administration de la compagnie.

L'officier de section maintient un ordre invariable dans sa section; il y excite l'émulation; il dirige et surveille les sergents et les caporaux sous ses ordres, il étouffe avec soin tout germe de rixe, entretient l'union et le goût du service, et prend toujours pour règle l'impartialité et la justice.

Il visite tous les jours sa section; il est chargé de veiller à ce que tous les effets d'habillement, de grand et de petit équipement et d'armement soient toujours tenus constamment en bon état; il ne néglige aucun moyen d'en assurer la propreté et la conservation.

Il se fait rendre compte des effets qui sont perdus ou dégradés, surtout au retour des exercices; il recherche les causes des pertes ou dégradations et en fait le rapport au capitaine. Souvent, et à l'improviste, il fait la visite des effets d'un homme qu'il soupçonne d'inconduite.

Il passe une revue de tous les effets des hommes de sa section; il vérifie si les livrets sont à jour et tenus avec exactitude; il remet au capitaine l'état des réparations qu'il a jugées nécessaires à l'habillement, à la coiffure et au grand équipement, ainsi que l'état des remplacements à faire au compte de la masse individuelle.

Lorsqu'un homme rentre après une absence qui a duré huit jours ou plus, l'officier de section passe la revue de ses effets.

Il veille à la propreté personnelle des soldats; il surveille avec un soin particulier l'entretien des armes et la conservation des effets d'équipement.

Il tient la main à ce que les hommes de sa section soient instruits, par les sergents et les caporaux, de tous les détails du service, de la discipline, de la tenue, de l'entretien et de l'arrangement des effets de toute nature; il les interroge souvent pour s'assurer si cette disposition a lieu.

En cas d'absence d'un officier de section, il est remplacé dans toutes ses fonctions intérieures de la compagnie par le sergent-major.

Il fait réciter les théories et règlements aux sous-officiers de sa section et s'assure que les sous-officiers font les théories aux caporaux et aux élèves caporaux.

L'instruction de la section comprendra :

1° Toutes les parties de l'école du soldat et de peloton indiquées dans l'instruction de l'escouade et de la demi-section;

2° L'école de tirailleurs;

3° Les pratiques du tir;

4° Le service intérieur et de place;

5° Le service en campagne;

6° Le code de justice militaire;

7° Lecture, écriture et calcul,

Et se divisera également en deux parties :

1° Exercices sur le terrain deux fois par jour;

2° Instruction dans les chambres deux fois par jour.

Elle devra durer deux semaines, sera commandée par le chef de section et surveillée par le capitaine.

Cette instruction aura pour but de permettre aux officiers de section de s'assurer de l'état de l'instruction de leurs hommes.

Ils feront repasser leurs sections par toutes les phases des instructions de l'escouade et de la demi-section, sous leur commandement direct.

Ils feront appliquer sur le terrain les parties du service de place et de campagne relatives aux gardes, sentinelles, rondes et patrouilles.

Ils feront exécuter l'école de tirailleurs en opposant une section à l'autre, et apporteront tous leurs soins aux pratiques de tir, particulièrement : l'appréciation des distances, les règles de tir sur le terrain, en expliquant pratiquement le tableau des zones dangereuses, les causes générales des écarts dans le tir et les moyens d'en atténuer les effets.

Dans les chambres, l'instruction sera faite sous forme de conférence par les chefs de section eux-mêmes.

Les exercices sur le terrain auront une durée de trois heures, en trois pauses.

L'instruction dans les chambres durera une heure, sans pause.

Les inspections du dimanche seront toujours passées par les chefs de section.

1er Dimanche : — Revue de détail.
2e Dimanche : — Inspection en armes et bagages.

Les chefs de section tiendront les livrets de section, sur lesquels ils noteront successivement les notes fournies par les chefs d'escouade et de demi-section, puis leurs notes personnelles.

A la fin de l'instruction, ils remettront au capitaine une copie de leurs contrôles.

Les leçons de lecture, écriture, calcul, seront faites aux

heures fixées par le capitaine, ainsi que pour les cours de géographie et d'histoire, suivant les ressources.

Le lundi de la troisième semaine, aux classes du matin, sur le terrain et dans les chambres, les chefs de section présenteront leurs sections au capitaine, qui les réunira de suite sous son commandement.

INSTRUCTION DE LA COMPAGNIE

Les premiers soins du capitaine doivent être d'inspirer aux militaires de sa compagnie du zèle et de l'amour pour le service, de leur rendre facile la pratique de leurs devoirs, par ses conseils, par l'usage équitable de son autorité et par une constante sollicitude pour leur bien-être. Il est l'intermédiaire indispensable de leurs demandes. Il doit s'attacher à connaître le caractère et l'intelligence de chacun d'eux, pour les traiter, en toute circonstance, avec une justice éclairée. Il réprime au besoin la familiarité et la brusquerie de ses subordonnés envers les soldats, qu'on ne doit jamais tutoyer, injurier ni maltraiter.

Il visite tous les jours sa compagnie.

Le capitaine est responsable de l'instruction, de la police, de la discipline et de la tenue de sa compagnie ; il fait enseigner dans les chambres les règles de discipline, de tenue et de service intérieur ; les dispositions du code de justice militaire, le service des soldats dans les places et en campagne, le paquetage et les soins à donner aux armes et aux effets d'habillement et d'équipement.

Cette instruction comprendra :

1º Les écoles du soldat, de peloton et des tirailleurs ;

2º Les pratiques du tir ;

3º Le tir à la cible ;

4° Le service intérieur ;

5° Le service de place ;

6° Le service de campagne ;

7° Le code de justice militaire ;

8° Les principes élémentaires d'administration en ce qui concerne les droits des soldats à la solde, aux vivres, aux pensions.

Elle sera divisée aussi en deux parties :

1° Exercices sur le terrain ;

2° Instruction dans les chambres

Elle devra durer sept semaines, sera commandée par le capitaine, surveillée par le chef de bataillon, contrôlée par le colonel.

En l'absence du capitaine, et sur la proposition du chef de bataillon et l'avis du lieutenant-colonel, le colonel pourra accorder au lieutenant de la compagnie tous les pouvoirs pour diriger l'instruction de la compagnie.

Nous proposons que cette instruction soit ainsi dirigée :

1re semaine. — Le capitaine passera l'examen de l'instruction des escouades, demi-sections, sections ; il renverra à des exercices supplémentaires les hommes qui ne seraient pas arrivés au degré d'instruction voulu ; les gradés responsables seraient chargés de ces classes supplémentaires.

2° semaine. — Le capitaine fera exécuter en entier l'école de peloton.

Les officiers et sous-officiers de la compagnie seront ensuite appelés à commander à tour de rôle et remplacés dans le rang par le grade inférieur ; les caporaux, par les hommes de l'escouade toujours désignés à l'avance.

3e semaine. — École des tirailleurs, commandée par le capitaine, deux compagnies étant opposées l'une à l'autre.

Cette école sera l'objet de soins assidus; le capitaine s'efforcera de faire bien apprécier aux hommes et aux gradés tout le parti que l'on peut tirer de la nature du terrain.

Il habituera les hommes à se rallier à la voix de leurs chefs et à la sienne, dans toutes les positions, et cherchera à bien leur faire comprendre toute l'importance du combat en tirailleurs.

Il leur expliquera avec le plus grand soin que les abris que les tirailleurs peuvent rencontrer sur le terrain ne doivent pas avoir pour but unique de les abriter des coups de l'ennemi, mais bien de leur permettre d'employer leur tir avec plus d'efficacité; que sur le champ de bataille, il importe surtout de gagner du terrain en avant, de se rapprocher des batteries ennemies pour mettre plus sûrement les servants hors de combat.

Le lieutenant, le sous-lieutenant et le sergent-major seront appelés à commander cette école.

4e semaine. — Pratiques de tir. Appréciation des distances. Applications des règles de tir.

Au cours de cette instruction, le capitaine profitera de toutes les occasions pour bien faire apprécier et reconnaître la nature des terrains; il habituera les hommes et les gradés à faire de nombreuses remarques sur les objets environnants et à en rendre compte.

Cette instruction, une des plus importantes, bien qu'indiquée par une semaine, restera à l'état permanent d'étude, c'est-à-dire que pendant toute l'année le capitaine et les gradés profiteront de toute les occasions pour rappeler aux hommes les pratiques du tir.

5e semaine. — Application des services de place et en campagne.

6ᵉ et 7ᵉ semaines. — Opérations pratiques de la guerre, c'est-à-dire service des grand'gardes, reconnaissances, embuscades, attaque et occupation des bois, villages, positions, etc.

Pour ces opérations, le capitaine soumettra à son chef de bataillon un projet d'opération et indiquera les jours et les terrains sur lesquels il désirera opérer ; le chef de bataillon prendra l'avis du lieutenant-colonel, et le colonel approuvera ou modifiera les projets.

Deux compagnies seront opposées l'une à l'autre, afin que l'ennemi soit toujours indiqué et de force au moins égale.

Pendant cette instruction le capitaine s'attachera surtout à bien dresser les caporaux, sous-officiers et officiers, à diriger leurs subordonnés ; l'appréciation du terrain, les rapports sommaires seront bien étudiés au point de vue pratique.

Les gradés s'appliqueront surtout à employer les hommes avec discernement, suivant leurs aptitudes physiques et intellectuelles, pour certaines missions de découverte, de renseignements à prendre.

En résumé le capitaine s'étudiera à donner à ces opérations la véritable image des choses qui se pratiquent a la guerre. C'est surtout pendant ces opérations pratiques que le capitaine saura inspirer à ses hommes la confiance absolue par son intelligente direction, et l'obéissance active qui est dans la nature de notre caractère national, en employant utilement chacun suivant ses moyens.

Des cartouches à blanc seront mises à la disposition du capitaine, mais nous ferons remarquer qu'il n'est pas nécessaire de tirer de nombreux coups de fusil ; il suffit que quelques coups indiquent les phases du combat.

Le tir à la cible ne pouvant être renfermé dans le cadre limité de l'instruction des unités régimentaires, nous pensons qu'il doit avoir un cours annuel, réglé suivant les nécessités de service et de terrain.

Pour chaque séance de tir nous proposons que la compagnie y prenne part en entier, officiers compris.

Les hommes seront d'abord exercés à tirer individuellement deux ou trois cartouches à toutes les distances.

Puis les caporaux, sergents et chefs de section feront exécuter à leurs hommes des feux de salve en groupe et beaucoup de feux en tirailleurs, dans toutes les positions, habituant les hommes à régler eux-mêmes leur tir.

Enfin le capitaine commandera les mêmes feux à toute la compagnie.

Pour les exercices, sur le terrain, des cinq premières semaines, il y aura toujours trois pauses de trente-cinq minutes. Les hommes porteront le sac pour les écoles de peloton, de tirailleurs et les pratiques de tir.

Pour les exercices des sixième et septième semaines, la journée sera employée. On exercera même les compagnies au moins une fois aux opérations de nuit.

Les hommes seront en tenue de campagne.

Pendant les deuxième, troisième, quatrième et cinquième semaines, les hommes de la compagnie, réunis dans une chambrée, sont instruits par le capitaine, sous forme de conférence, de tous les devoirs que leur imposent les règlements; des théories explicatives sur le tir, l'entretien et la conservation des armes, le code de justice militaire, sont également faites en sa présence par les officiers qu'il désigne.

Le capitaine explique ensuite aux hommes, dans la progression suivante, les droits que leur accordent les règlements du 25 décembre 1837 sur le service de la solde et sur les revues, du 10 mai 1844 sur l'administration et la comptabilité des corps de troupe, et les lois sur les pensions et retraites :

Au cours de cette instruction dans les chambrées, le capitaine profite de toutes les occasions pour bien faire comprendre aux hommes les sentiments de devoir et d'abnégation qui doivent les animer en toutes circonstances pour le bien de la patrie.

A côté des devoirs à remplir, il leur indique aussi les droits qui en découlent.

Il leur explique les nécessités de la vie de campagne, la nature des services que le soldat doit y remplir, et cherche, par tous les moyens, à élever les sentiments de ses subordonnés vers le respect et la confiance absolue en la personne des chefs.

En dehors des heures réglementaires destinées aux exercices et instructions dans les chambres, le capitaine s'efforce de développer le goût de l'instruction; à cet effet il organise, suivant les ressources intérieures de la compagnie, des cours de lecture, d'écriture, de calcul, d'histoire et de géographie.

La lecture et l'écriture sont exigées des hommes.

Mais pour les autres cours il faut surtout faire appel à la bonne volonté et au désir d'apprendre.

Le capitaine fera réciter la théorie au lieutenant et au sous-lieutenant, et fera subir un examen aux sous-officiers, caporaux et élèves caporaux.

Ces théories et examens serviront de base à ses propositions pour l'avancement et les récompenses.

Il passera les inspections du dimanche, savoir :

Deux dans les chambres ;

Une revue de détail ;

Quatre inspections sur le terrain.

Les jours où il pleuvra avant le départ pour l'exercice, des instructions seront faites dans les chambres.

Mais lorsque la pluie surprendra la troupe sur le terrain de manœuvres, les exercices seront continués.

Le 1ᵉʳ août, le capitaine présentera sa compagnie au chef de bataillon.

ÉCOLE DE BATAILLON

Les chefs de bataillon sont responsables envers le colonel de l'instruction théorique et pratique des officiers, sous-officiers, caporaux et soldats de leur bataillon ; ils surveillent dans leur bataillon la discipline, le service, la tenue, l'entretien des effets de toute nature, les chambres et les ordinaires.

En cas d'absence, l'adjudant-major, le plus ancien capitaine du bataillon, remplace le chef de bataillon pour l'instruction et les détails du service.

L'adjudant-major est remplacé, pour les manœuvres seulement, par le plus ancien lieutenant du bataillon.

Un mois sera consacré à cette instruction, commandée par le chef de bataillon, surveillée par le colonel, contrôlée par le général de brigade.

Pendant dix jours consécutifs le chef de bataillon fait passer sa troupe par toutes les manœuvres applicables au bataillon.

Pendant dix jours les capitaines commandent l'école de bataillon, et les officiers de section remplissent les fonctions de commandant de compagnie.

Pendant dix jours le bataillon est exercé aux applications du service en campagne et à des opérations de guerre applicables à un bataillon.

Deux bataillons sont toujours opposés l'un à l'autre.

Le bataillon est exercé aux opérations de nuit.

Des cartouches à blanc sont données pour ces opérations, et employées surtout pour les combats de tirailleurs.

La durée des exercices sera toujours de trois heures sur le terrain.

La durée de chaque opération de guerre ne sera pas déterminée.

Le chef de bataillon fera la théorie aux capitaines et des conférences aux officiers de son bataillon, sur les différents services et leur application à la guerre.

Il passera les revues du mois, savoir :

Une revue dans les chambrées ;

Une revue de détail ;

Deux inspections en armes et bagages.

Il présentera ensuite son bataillon à l'inspection du colonel, et lui soumettra son travail de propositions pour l'avancement et les récompenses.

ÉCOLE DE RÉGIMENT

Le colonel réunit alors les bataillons sous son commandement pour l'instruction, qui devra durer un mois ; elle sera surveillée par le général de brigade et contrôlée par le général de division.

Pendant dix jours le colonel fait exécuter toutes les manœuvres applicables à son régiment.

Pendant dix jours, le régiment manœuvre sous les ordres des chefs de bataillon, les capitaines dirigeant les bataillons, les officiers de section les compagnies.

Pendant dix jours enfin, le régiment fait des applications, sur le terrain, du service en campagne et des opérations de guerre applicables à un régiment.

Deux régiments sont opposés l'un à l'autre.

Le colonel fait la théorie aux officiers supérieurs et des conférences sur les pratiques de la guerre à tous les officiers réunis.

Il profite de ces réunions pour donner aux officiers des conseils sur les travaux qu'il croit bon d'entreprendre et les interroge souvent, tant sur leurs devoirs professionnels que sur les différentes connaissances qu'un officier doit posséder.

Le colonel passe les revues du mois, savoir :

Une dans les chambres ;

Une revue de détail ;

Deux inspections sur le terrain.

Il fait suivre à tout son régiment, par bataillon, les cours du gymase divisionnaire.

Il présente ensuite son régiment au général de brigade et lui remet, avec son travail d'avancement et de récompenses, le rapport d'ensemble pour l'inspection générale.

Il est bien entendu que dans tout le cours de l'instruction des différentes fractions régimentaires, le lieutenant-colonel remplit les fonctions prescrites par le règlement pour ce grade.

ÉCOLE DE BRIGADE

Le général réunit les troupes de sa brigade sous son commandement direct.

Pendant huit jours, il exerce sa brigade aux différentes manœuvres applicables à la guerre.

Deux brigades manœuvrent l'une contre l'autre.

Le général réunit tous les officiers de sa brigade deux fois au cours de l'instruction, et leur fait une conférence sur l'ensemble général de la tactique et l'emploi des différentes armes sur le champ de bataille.

Pendant sept jours ensuite il inspecte en détail les différents services de chaque régiment, et fait commander en sa présence toutes les écoles du régiment.

Les travaux des officiers lui sont remis.

Il met ensuite ses notes au travail d'ensemble de chaque régiment, et établit les propositions pour les récompenses et l'avancement.

Cette instruction est surveillée par le général de division et contrôlée par le commandant de corps d'armée.

Le général de brigade présente ensuite sa brigade à l'examen de son général de division.

ÉCOLE DE DIVISION

Dix jours seraient consacrés à l'inspection des brigades de la division.

Au cours de cette inspection, le général réunirait tous les officiers de la division et en trois conférences exposerait, avec ses idées sur l'application de la tactique aux manœuvres de la division, les principes généraux de la stratégie.

Les officiers de tous grades seraient appelés à présenter leurs idées sur toutes les branches du service des armées.

Cinq jours seraient ensuite employés aux manœuvres de la division, dirigées par le général lui-même.

Deux divisions seraient opposées l'une à l'autre.

Cette instruction serait surveillée et contrôlée par le commandant du corps.

Enfin le général de division établirait son rapport d'ensemble, présentant les résultats de son inspection, et établirait les propositions pour les récompenses et l'avancement.

ÉCOLE DE CORPS D'ARMÉE

Vingt jours seraient consacrés par le général en chef pour inspecter en détail les divisions de son corps d'armée.

Dix jours seraient employés aux manœuvres du corps entier.

La fin de ces manœuvres serait la consécration de l'instruction générale de l'armée.

Cette instruction serait contrôlée par le chef de l'armée.

Le commandant de corps d'armée réunirait plusieurs fois tous les officiers de son corps ; des conférences seraient faites et des sujets d'étude et de travail désignés aux officiers pour l'année suivante.

Les propositions d'avancement et de récompenses pour tout le corps d'armée seraient remises par le général en chef au ministre de la guerre, avec le travail d'ensemble des divisions.

GRANDES MANŒUVRES GÉNÉRALES

Cette dernière instruction, véritable image de la guerre dans tous ses détails, serait réglée par le ministre de la guerre, suivant les projets soumis au grand état-major général de l'armée par les généraux commandant les corps d'armée.

Pour ces manœuvres, des concentrations d'armées seraient ordonnées, et deux armées appelées à manœuvrer pour arriver au champ de bataille.

Le but général serait seul tracé à l'avance ; les détails seraient laissés à l'entière disposition des commandants d'armée.

Deux camps pourraient être mis en état de guerre pendant une période de temps déterminée, pendant laquelle toutes les combinaisons possibles à la guerre seraient expérimentées.

L'opération se terminerait par l'attaque d'un camp par les troupes de l'autre camp.

Des travaux de siége seraient faits autour de forts détachés et même de places fortes, en tenant compte, pour ces dernières, des nécessités de la population civile.

Les troupes de la réserve, pendant ces grandes manœuvres, seraient habituées aux concentrations et aux différents services que leur assignera la nouvelle loi.

Chacun connaîtrait ainsi le rôle que l'avenir lui réserve.

Ce serait le fonctionnement général de toute l'institution militaire.

Les résultats feraient connaître exactement les ressources militaires sur lesquelles on peut compter pour la défense du pays, non sur le papier, mais sous les armes.

Sans doute cela ne doit pas être l'œuvre d'un jour ni d'une année; mais il nous paraît absolument indispensable d'accoutumer le pays, dès le premier jour, aux charges qui doivent incomber à tous ses enfants.

Il s'agit donc de mettre réellement en pratique le principe qui domine l'art de la guerre.

C'est pendant la paix qu'il faut préparer les grandes actions de la guerre, parce que les citoyens s'accoutument à l'idée des fatigues et des dangers qu'ils peuvent avoir à supporter un jour.

QUELQUES IDÉES GÉNÉRALES

Nous venons d'exposer un plan général pour l'instruction de l'infanterie.

Il n'en résulte pas qu'il y ait du nouveau à introduire dans nos règlements.

Non ; la pratique seule nous manque.

Nos règlements ont été écrits avec un ensemble parfait, établissant tous les détails avec raison et précision.

Le service intérieur, le service en campagne sont complets; ils nous paraissent une œuvre que tout militaire doit étudier avec la plus sérieuse attention.

Si, en raison des nouvelles pratiques de la guerre, il y avait quelques modifications à y apporter, ce sont les circonstances, le terrain et l'intelligence du chef qui doivent y pourvoir.

A la guerre, il n'y a rien d'absolu ni d'invariable comme théorie, parce qu'une foule de causes font varier à l'infini les circonstances, le temps, le terrain, et qu'il ne peut y avoir pour ces causes de théories systématiques.

C'est en s'attachant à former le moral de la troupe que l'on arrive à lui communiquer le sang-froid, l'ordre et la précision dans les mouvements.

Il faut aussi que la troupe trouve dans ses chefs l'énergie et le talent.

Le service des places nous paraît seul devoir être modifié, surtout en ce qui concerne la manière de commander le service et de l'exécuter.

Nous voudrions voir établir en principe qu'un poste doit toujours être composé d'une fraction constituée, c'est-à-dire que le moindre poste serait toujours fourni par une escouade, puis d'une demi-section, puis d'une section, etc.

Les postes qui ne comporteraient pas cette importance seraient remplacés par des plantons.

Les gradés seraient toujours de service avec la troupe qu'ils commandent et instruisent (l'instruction se continuerait au poste).

Le service des postes dans les places se ferait exactement comme le service en campagne.

Le service à fournir par un corps ne devant jamais dépasser le tiers de son effectif, le service pourrait être commandé par bataillon. Chaque jour un bataillon fournirait complétement le service de place, par fractions constituées. Les gradés marcheraient ainsi toujours avec les hommes placés sous leurs ordres, et l'instruction pourrait se continuer dans les postes. Les officiers des fractions de garde feraient le service de la surveillance des postes.

Dans les bataillons formant corps, le service serait fourni par deux compagnies.

Il nous paraît essentiel d'exiger d'une façon absolue que tout conscrit soit, sans aucune exception, habillé, armé, équipé dès le lendemain de son arrivée au corps.

Il serait absolument interdit de faire aller à l'exercice un conscrit avec les effets bourgeois.

Il y a là des différences d'habillement qu'il importe de faire disparaître, dès le premier jour, sous le niveau de l'uniforme.

Nous voudrions voir le genre de comptabilité intérieur en usage dans les régiments de zouaves appliqué à toute l'armée.

Cela permettrait d'abord de supprimer l'emploi du capitaine d'habillement.

Puis tous les effets, giberne, ceinturon, bretelle de fusil comprise, étant payés par la masse individuelle, il en résulterait les avantages suivants :

Le conscrit serait toujours habillé à neuf.

Il aurait un intérêt à l'entretien de ses effets.

Au moment de son passage dans la réserve, il emporterait tous les effets, fourniment compris.

Les fourniments seraient déposés à la mairie des communes, étiquetés au nom des propriétaires.

L'habillement et le sac seraient conservés par leurs propriétaires, à charge par eux de les représenter à toutes les prises d'armes.

L'avoir à la masse ne deviendrait la propriété de l'homme qu'au moment de sa libération définitive du service.

Il en résulterait :

1° Que l'habillement et l'équipement de la réserve ne coûteraient rien à l'État.

2° La suppression de ces énormes quantités d'effets en cours de durée dont l'entretien, le dégraissage, les locaux nécessaires, coûtent plus que les effets ne valent.

3° La suppression des capitaines d'habillement, remplacés par des agents du service du campement.

Les effets des hommes morts ou rayés des contrôles seraient vendus à l'encan dans les corps, au profit du trésor.

Dans notre progression de l'instruction du soldat nous avons indiqué que dans les compagnies on apprendrait aux soldats à lire, écrire et compter ;

Que pendant les mois de janvier, février et mars, des cours seraient faits aux sujets qui s'en seraient rendus dignes.

Nous avons voulu par là indiquer que nous ne pensons pas que l'armée ait la mission de concourir à l'enseignement de la nation au delà de ce qu'il importe que chaque citoyen sache strictement.

Nous n'avons donc réservé aucune place à l'école régimentaire des premier et deuxième degrés.

En effet, si nous pensons que dans l'intérieur de sa compagnie le capitaine puisse faire certains cours d'histoire et de géographie aux hommes qui peuvent les suivre utilement, nous pensons également que l'instruction des cadres inférieurs doit être renfermée dans la rigoureuse étude des devoirs de chaque grade.

Que chaque gradé sache donc très-exactement ce que le règlement lui impose le devoir de connaître, nous pensons que ce sera très-suffisant.

Pour les sujets désignés à l'attention des chefs comme ayant les aptitudes nécessaires pour une étude fructueuse, et la possibilité d'acquérir l'épaulette de sous-lieutenant, des écoles seront sans nul doute créées en vue de fournir à l'armée un choix de sous-officiers pouvant servir de modèle aux autres.

Mais surtout, dans la création de ces écoles, évitons de donner une instruction telle que les sujets sortants n'acceptent qu'avec répugnance la situation modeste de sous-officier.

Pour les officiers, c'est autre chose.

L'officier doit avoir par lui-même une éducation et une instruction qui le mettent à même de se livrer à l'étude; il ne doit plus avoir besoin, comme cela se pratique pour les écoles de médecine et de droit, que d'une direction, de conseils, de guides.

Nous pensons que les conférences faites par les officiers supérieurs et les officiers généraux rempliront ce but sans recourir au système pédagogique.

Dans l'ensemble de l'instruction générale de l'armée, une certaine partie de cette instruction doit être nécessairement faite dans les chambres.

Or, dans l'état actuel des casernements et des baraquements, il ne reste qu'un espace tout à fait insuffisant pour les nécessités de ce service.

Nous avons vu au camp de Meudon une installation dite système Maurice, qui nous paraît mériter l'attention de l'armée, et nous voudrions voir ce système appliqué dans tous les camps et casernes.

Il y a dans ce système une amélioration considérable, tant dans l'intérêt du service que dans celui des hommes et de l'État.

Au moyen d'un système très-simple, toutes les literies sont relevées au plafond des chambres; des bancs et des tables se trouvent alors à la disposition des hommes, soit pour le travail d'instruction, soit pour l'étude, soit même pour les besoins du soldat.

Au cours de l'instruction dans les chambres, les bancs et les tables peuvent être disposés comme dans une salle d'étude, et dès lors l'instructeur se trouve mieux placé pour diriger, enseigner et surveiller.

On peut ainsi grouper les escouades, les demi-sections, les sections et même les compagnies.

Dans les soirées d'hiver, les chambrées ainsi disposées forment naturellement un lieu de réunion qui permet aux soldats soit de se réunir par groupe pour travailler, soit même de se promener à l'abri du mauvais temps.

Un appareil gymnastique pendu au centre de la chambrée offre encore un moyen de distraction.

Enfin des exercices peuvent être faits dans les chambres, surtout les exercices préparatoires du tir, pendant la mauvaise saison.

On évite aussi la tendance fâcheuse qu'a le soldat à se coucher à chaque instant sur son lit.

Le sommeil de la nuit n'en est que plus réparateur.

On nous a dit qu'une commission avait déjà été appelée à donner son avis sur ce système, et que cet avis avait été unanime pour l'approuver.

Il nous paraît alors possible de le voir bientôt appliqué à toute l'armée. Le plus tôt sera le mieux.

En résumé, l'instruction de l'armée doit être essentiellement professionnelle, et c'est ce qui explique notre titre :

Instruction militaire ; tous les gradés doivent concourir à
cette instruction ; chaque gradé doit posséder l'initiative que
lui accorde le règlement ; les chefs doivent toujours être pour
leurs subordonnés l'exemple vivant du devoir et du dévouement absolu à la patrie.

Chacun doit graver dans son esprit cette belle maxime de
Montesquieu :

« L'amour de la patrie mène à la bonté des mœurs, et la
bonté des mœurs mène à l'amour de la patrie. »

FIN

75 — Paris, Imp. A. DUTEMPLE, rue Bonaparte, 64.

AMEUBLEMENT MILITAIRE DES CHAMBRÉES BARAQUES OU CASERNES

Arrêté par la Commission supérieure nommée par Mr le Ministre de la Guerre

Mis en pratique au Camp de Meudon.

Système MAURICE Bte 1868.

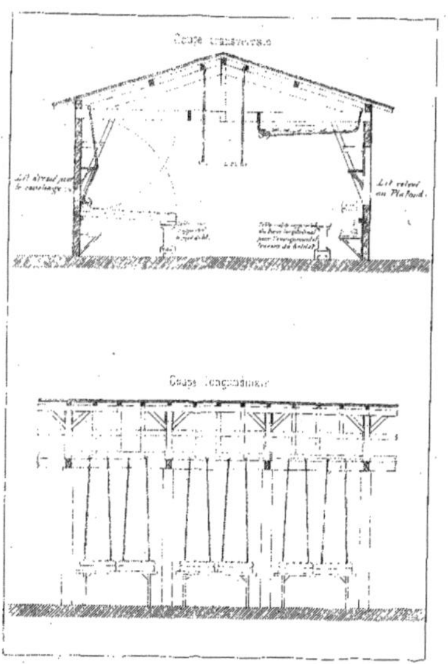

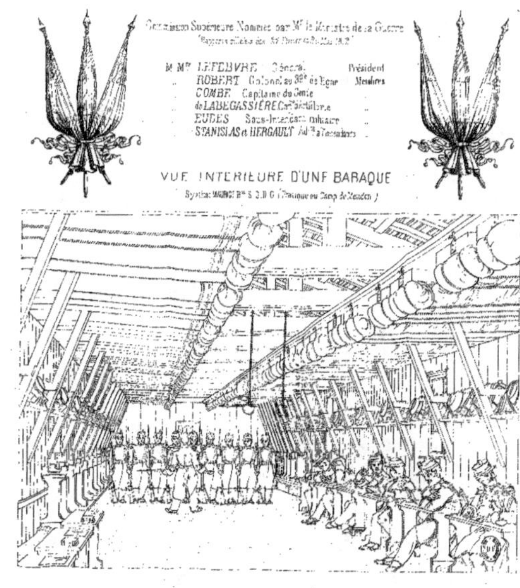

www.ingramcontent.com/pod-product-compliance
Lightning Source LLC
Chambersburg PA
CBHW061326060726

47596CB00003B/1103